DAVID LIVINGSTONE

En el corazón del continente africano

Por Julie Lorang
En colaboración con Thomas Jacquemin
Traducido por Marina Martín Serra

Historia en50MINUTOS.es

DAVID LIVINGSTONE

- **¿Nacimiento?** El 19 de marzo de 1813 en Blantyre (Escocia).
- **¿Muerte?** El 1 de mayo de 1873 cerca del lago Bangweulu (Zambia).
- **¿Objetivos de la expedición?**
  - Evangelizar a los pueblos africanos.
  - Encontrar nuevas rutas comerciales.
- **¿Región del mundo explorada?** El corazón del África austral.
- **¿Principales descubrimientos?**
  - Las cataratas Victoria.
  - El río Zambeze.

El médico, misionero y explorador escocés David Livingstone viaja por el sur y el centro del continente africano entre 1841 y 1873. En un momento en el que África sigue siendo una gran desconocida para los europeos —que se han limitado a explorar sus costas—, David Livingstone, buscando un acceso navegable hacia el corazón del continente, no duda en recorrer estas tierras salvajes con su esposa e hijos, enfrentándose a los numerosos peligros de la sabana africana. En casi 30 años, el explorador escocés realiza tres largos viajes y se convierte en el primer europeo en descubrir los grandes ríos y los lagos del África Central.

Durante todos estos años, trata de mejorar las condiciones de vida de las poblaciones locales mediante la implantación del comercio y el cristianismo. Sin embargo, su trabajo se ve socavado por las grandes potencias europeas que enseguida explotan y colonizan el continente.

Su fuerte personalidad y su compromiso contra la esclavitud, pero, también, su misteriosa desaparición, lo convierten en una leyenda viviente. Todavía hoy en día, sigue siendo uno de los exploradores más famosos de su generación y encarna a la perfección la figura del aventurero obstinado y valiente.

BIOGRAFÍA

Retrato de David Livingstone.

UN SUEÑO DE INFANCIA

David Livingstone nace el 19 de marzo de 1813 en Blantyre (Escocia), en el seno de una familia modesta. Con 10 años, deja la escuela para trabajar en una fábrica de algodón, pero continúa con su educación asistiendo a clases nocturnas. Es autodidacta, y pronto le nace una afición por los relatos de viajes y por las obras científicas. Además, desarrolla rápidamente cualidades que serán útiles para sus futuras expediciones.

A la edad de 20 años, el joven decide cumplir sus sueños de viaje convirtiéndose en misionero en China. Livingstone, que es un estudiante brillante y diligente, estudia Medicina y Teología en la Universidad de Glasgow durante dos años, para convertirse en médico misionero. Desafortunadamente para él, el Reino Unido y China entran en conflicto ese año, por lo que esta última decide prohibir cualquier nueva misión religiosa en su territorio.

Lejos de abandonar su proyecto, David Livingstone decide volverse hacia el continente africano y se pone en contacto con la London Missionary Society (Sociedad Misionera de Londres). En 1840, es ordenado pastor y se embarca en su primera misión.

UNA VIDA DEDICADA A ÁFRICA

Al llegar a África como misionero, David Livingstone rápidamente se aventura en territorio desconocido y descubre su alma de explorador. Especialmente, alberga la esperanza de encontrar una vía navegable que permitiría que los barcos europeos llegaran al centro del continente para comerciar y evangelizar a la población.

David Livingstone lleva a cabo esta búsqueda durante el resto de su vida, una misión que lo empuja a hacer tres largos viajes a África entre 1840 y 1873. Así, se convierte en el primer europeo en descubrir el río Zambeze y las cataratas Victoria, y en cruzar el continente de oeste a este. Cada expedición le brinda la oportunidad de dibujar nuevos mapas.

Imagen de las cataratas Victoria.

El escocés conoce a su futura mujer en África. Se trata de Mary Moffat (1821-1862), hija del misionero inglés Robert Moffat (1795-1883). La pareja se casa en 1845 y fruto de su unión nacen seis niños, uno de los cuales muere durante su infancia. Mary Livingstone es una esposa dedicada que sigue a su marido en muchas expediciones pero, durante estos viajes, la mujer acaba contrayendo una enfermedad tropical que acabará con su vida.

UNA MUERTE TRÁGICA

Durante su tercer y último viaje, David Livingstone pierde el contacto con su tierra natal y se aísla en la orilla del lago Tanganica. El periodista Henry Morton Stanley (1841-1904) es enviado para seguir su rastro y lo encuentra en 1871, enfermo y sin recursos.

Retrato de Henry Morton Stanley.

El 1 de mayo de 1873, David Livingstone muere de disentería, a orillas del lago Bangweulu, en Zambia. Sus compañeros africanos entierran su corazón y sus entrañas a los pies de un baobab y embalsaman su cuerpo, que luego es repatriado a Gran Bretaña. Cuando llega a su país de origen, el cuerpo del explorador recibe los más altos honores y es enterrado en la nave central de la abadía de Westminster.

CONTEXTO POLÍTICO, SOCIAL Y ECONÓMICO

LA ÉPOCA VICTORIANA Y EL IMPERIO BRITÁNICO

En el siglo XIX, el Reino Unido —que se encuentra en el apogeo de la Revolución Industrial— es una de las mayores potencias europeas y mundiales. El inmenso imperio de la reina Victoria (1819-1901) se extiende en ese momento en una superficie que ocupa alrededor de 26 millones de kilómetros cuadrados, y tiene alrededor de 400 millones de habitantes. Además del Reino Unido, está formado entre otros por Irlanda, Canadá, India, Australia y una parte de África del Sur. Así pues, el Reino Unido controla la mayoría de los mares y océanos, lo que le permite ejercer una fuerte influencia en diversas regiones, como Argentina, el Imperio otomano o China.

La época victoriana es también un período extremadamente próspero a nivel cultural y científico, marcado por el nacimiento de grandes figuras como los escritores Charles Dickens (1812-1870), Arthur Conan Doyle (1859-1930) y Oscar Wilde (1854-1900) o también por el naturalista Charles Darwin (1809-1882). Las invenciones de la Revolución Industrial, como el barco de vapor o el telégrafo, permiten gozar de una ventaja tecnológica significativa sobre las otras naciones.

En este contexto, la expedición de David Livingstone recibe el apoyo del Gobierno británico, que gracias a ella espera encontrar nuevas rutas comerciales y establecer nuevas colonias.

LA EXPLORACIÓN DE LA MISTERIOSA ÁFRICA

En el siglo XIX, el continente africano es un territorio misterioso y poco conocido. Aunque en las costas de África hay factorías comerciales europeas desde hace mucho tiempo, el corazón del continente sigue siendo inaccesible. Solo las costas están divididas entre las diferentes potencias: los portugueses ocupan el suroeste (Angola) y el sureste (Mozambique), mientras que los británicos y los bóeres (descendientes de los primeros colonos neerlandeses) conviven como pueden en el actual territorio de Sudáfrica.

Pero sus tierras inhóspitas, las enfermedades tropicales y la ausencia de ríos fácilmente navegables impiden que los europeos se aventuren más profundamente tierra adentro. Así pues, el mapa de África sigue siendo virgen y el conocimiento que se tiene del continente apenas ha evolucionado desde la Antigüedad. Por lo tanto, muchos imaginan el corazón del continente como una región desértica y poco poblada. Además, los escasos contactos con las poblaciones subsaharianas pasan por el intermediario de los comerciantes árabes.

En 1788, el naturalista inglés Joseph Banks (1743-1820) funda en Londres la Association for Promoting the Discovery of the Interior Parts of Africa (Asociación para la Promoción del Descubrimiento de las Partes Interiores de África) —más comúnmente conocida como Asociación Africana—, con el fin de descubrir el nacimiento del río Níger y la ubicación de Tombuctú, gran centro espiritual e intelectual musulmán a las puertas del desierto del Sahara. Entonces, empiezan las primeras expediciones científicas en el continente, con el apoyo de varias empresas y de los Gobiernos nacionales. El pueblo también espera con ganas el desarrollo de estas misiones y las sigue de cerca, con la voluntad de descubrir más cosas sobre el misterioso continente.

En pocas décadas, decenas de exploradores se embarcan en el descubrimiento del continente africano y, de este modo, contribuyen a que se conozca mejor su geografía, su vegetación y sus pueblos. El descubrimiento de nuevos territorios también permite que los europeos sean conscientes de sus muchas riquezas (marfil, algodón, tabaco, café, cobre, té). En vista del éxito, la exploración conduce rápidamente al principio de la colonización del continente por parte de las potencias occidentales, abriendo un nuevo capítulo en la historia de África.

LA LACRA DE LA ESCLAVITUD

A medida que los exploradores europeos se van aventurando en el interior del continente, se encuentran con que la esclavitud está muy implantada. Si bien es cierto que esta práctica es una constante en la historia de África, se intensifica a partir del siglo XV, con el descubrimiento de América (1492). La trata de negros, iniciada por los europeos, es un negocio de grandes dimensiones que consiste en la deportación de poblaciones africanas esclavizadas hacia diferentes regiones, a veces lejanas, a través de redes de suministro bien organizadas.

Aunque a lo largo de la historia los comerciantes de esclavos habían utilizado varias rutas, con el descubrimiento de América se apuesta por los caminos que conducen a la costa occidental, para proveer mano de obra esclava a las colonias europeas. A partir de 1834, sin embargo, la decisión del Reino Unido de abolir la esclavitud en sus colonias frena la trata. Para detener este tráfico de seres humanos, los británicos aprovechan su hegemonía sobre los océanos y bloquean toda la costa occidental de África.

Sin embargo, esto no permite detener el tráfico de esclavos, que ahora se produce en las rutas del este, controladas por los comerciantes árabes. Estos descienden por el Nilo hasta el corazón del continente africano para intercambiar armas y tejidos por marfil barato y esclavos. Luego, llevan a estos últimos hacia la costa oriental y los venden en el mundo árabe-musulmán. Este comercio, que es particularmente lucrativo, se ve reforzado por grandes mercados de esclavos, como el del sultanato de Zanzíbar, uno de los principales.

A pesar de su aversión hacia esta práctica, algunos exploradores se ven obligados a asociarse con los negreros árabes para viajar bajo su protección, como en el caso de David Livingstone —entre otros—, cuyo diario refleja de manera edificante el horror de la esclavitud.

LAS EXPEDICIONES

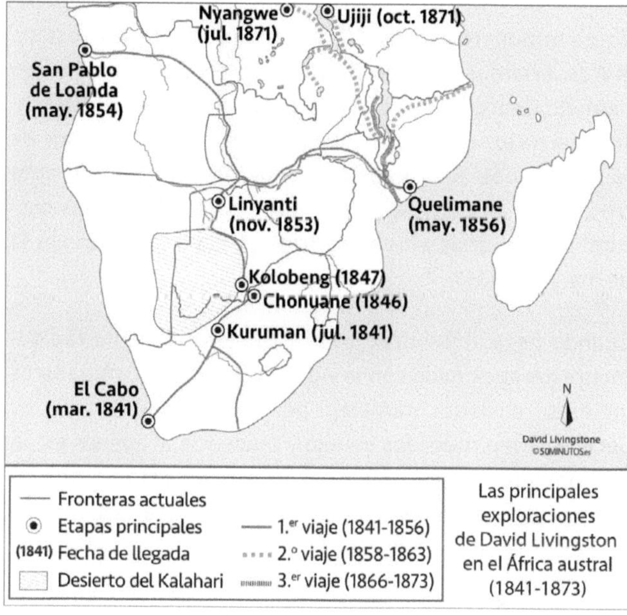

Las principales exploraciones de David Livingston en el África austral (1841-1873)

Durante casi treinta años, David Livingstone explora el centro-sur del continente africano, entonces desconocido para los europeos. Tras dedicar primero algunos años a su vocación de misionero, el escocés se apasiona por el descubrimiento de nuevas tierras y espera, sobre todo, poder encontrar una región hospitalaria con la que poder establecer relaciones comerciales con Europa.

EL PRIMER VIAJE A ÁFRICA DEL SUR (1841-1856)

Como misionero y médico de la London Missionary Society, el 8 de diciembre de 1840 David Livingstone sube a un barco llamado George, rumbo a la colonia del Cabo en Sudáfrica. Todavía no lo sabe, pero acaba de embarcarse en un viaje de 16 largos años que cambiará su vida. Tras navegar durante tres meses —tiempo que aprovecha para estudiar las costumbres africanas y la cartografía—, llega a su destino el 14 de marzo de 1841.

Cuando llega al Cabo, el joven misionero se siente rápidamente decepcionado con la vida que llevan sus compañeros ingleses, enviados también por la London Missionary Society: viven rodeados de lujo y opulencia, y apenas están en contacto con la población local. Livingstone, que es incapaz de aceptar esta situación sin rechistar, es enviado al centro misionero de Kuruman, a unos 800 kilómetros al norte del Cabo. Esta base, dirigida por el doctor Robert Moffat, es la estación que se encuentra más al norte de Sudáfrica, y limita con tierras salvajes inexploradas. Allí, el misionero escocés desarrolla las cualidades necesarias para su función, al tiempo que se mantiene cercano a la gente. Para facilitar los contactos y para llevar a cabo sus misiones de la mejor forma posible, considera que es importante aprender el idioma de la gente local.

Sobre el terreno y con el fin de evangelizar África, Livingstone apuesta en gran medida por los «agentes locales», africanos convertidos al catolicismo. Sin embargo, la London Missionary Society desaprueba esta visión, muy atrevida para la época, negándose a aceptar cualquier tipo de implicación de los africanos en el proceso de cristianización. Asimismo, Livingstone apuesta por el desarrollo del comercio en la región con el objetivo de mejorar las condiciones de vida de los pueblos africanos.

En 1843, la London Missionary Society le pide a David Livingstone que se adentre hacia el norte, para extender las misiones a nuevas tierras. Así pues, el escocés deja Kuruman en agosto de 1843, acompañado por su futura esposa, Mary Moffat, y por algunos africanos conversos. El equipo recorre miles de kilómetros a través de tierras salvajes e inhóspitas. En 1844, David Livingstone es atacado por un león, que le muerde el hombro y el brazo izquierdo. Gravemente herido, se salva gracias a su equipo, que lo socorre con valentía.

Durante este periplo realiza varios descubrimientos importantes, que cartografía de inmediato:

- el desierto del Kalahari (1849);
- el lago Ngami (1849);
- el río Zambeze (1851);
- las cataratas Victoria (1855).

Al mismo tiempo, se convierte en el primer europeo en cruzar África de oeste a este: el 20 de septiembre de 1854 deja San Pablo de Loanda (que actualmente forma parte de Angola), para llegar al océano Índico en Quelimane, Mozambique, el 20 de mayo de 1856. A medida que penetra en territorio hasta entonces desconocido, David Livingstone descubre que tiene un alma de explorador y se aleja de una simple práctica misionera.

Esta primera larga travesía africana lo convierte en una leyenda viviente en el Reino Unido, donde es recibido con grandes honores cuando regresa en 1856. Al año siguiente, Livingstone publica un libro sobre sus expediciones llamado *Missionary Travels and Researches in South Africa* (Viajes misioneros e investigaciones en Sudáfrica) (1857), que obtiene un gran éxito entre el público.

EL SEGUNDO VIAJE AL VALLE DEL RÍO ZAMBEZE (1858-1864)

Rico y famoso, David Livingstone vuelve a África en 1858 para explorar más a fondo el valle del río Zambeze y encontrar en él la ruta comercial que tanto busca. Puesto que el objetivo de este segundo viaje ya no es solamente la evangelización, la London Missionary Society se niega a brindarle su apoyo. Así pues, será el propio Gobierno británico quien financie el viaje, atraído por las potenciales perspectivas comerciales del río Zambeze.

Durante este segundo viaje, David Livingstone está acompañado por un equipo de científicos que consta de un geólogo, un botánico, un físico y un dibujante. También viajan con él su esposa y su hermano, Charles Livingstone (1821-1873), que es nombrado asistente general y secretario de la expedición.

Aunque la misión comienza con buenos auspicios, la situación se complica cuando el grupo deja el delta del Zambeze y no puede avanzar debido a una serie de rápidos que hacen que el río sea impracticable. Entonces, el explorador prueba suerte en otro río, el Shire, pero tampoco logra avanzar. A pesar de las reticencias del equipo, David Livingstone se obstina y decide continuar la exploración de la zona hasta el lago Nyasa (actual lago Malaui), donde piensa haber encontrado finalmente una región favorable para su proyecto: la tierra es fértil, la zona parece estable para el comercio, la temperatura es ideal y la malaria no parece estar presente en la región. Pero no contaba con las luchas entre las tribus locales y con la presencia de otras enfermedades, que causan varias víctimas —entre ellas, Mary Livingstone en 1862—.

Este segundo viaje a África es un fracaso total y la popularidad de David Livingstone se ve afectada. Nada podrá cambiar este hecho, ni siquiera el descubrimiento del lago Malaui el 16 de septiembre de 1859 ni los nuevos conocimientos adquiridos. El Gobierno británico, en efecto, considera que su misión es inútil y decide cortarle el suministro de comida y traerlo de vuelta al país. Esta vez, cuando llega a su tierra natal (en 1864), recibe una fría bienvenida: nadie lo espera y no se le hace ningún reconocimiento. David Livingstone ahora está solo y desamparado.

ÚLTIMO VIAJE A ORILLAS DEL LAGO TANGANICA (1866-1873)

Aunque pierde su reputación y su dinero, el explorador conserva la esperanza de encontrar un día la ruta fluvial que llevaría al centro de África, y centra su investigación en la localización del nacimiento del Nilo. Esta búsqueda, que roza la obsesión, empuja el escocés a aventurarse de nuevo en el continente africano.

Pero esta tercera y última expedición es muy diferente de la anterior: ahora, David Livingstone está abandonado a su suerte, y dispone de recursos financieros limitados. Solo, el explorador se ve obligado a renunciar a sus principios y a aliarse con comerciantes de esclavos árabes para continuar su avance hacia el interior del continente de forma segura. Sin embargo, el escocés es un gran detractor de la esclavitud, y la ha denunciado enérgicamente desde su primer viaje al continente africano.

En 1871, es testigo de un acontecimiento sangriento en el pequeño pueblo de Nyangwe (en la actual República

Democrática del Congo). A raíz de una disputa entre un comerciante árabe y algunos aldeanos, los negreros perpetran una terrible matanza en pleno mercado. En pocos minutos, varios cientos de personas, incluyendo mujeres y niños, son asesinados. Sorprendido y sin saber qué hacer, David Livingstone decide informar de los acontecimientos con los medios a su alcance, usando jugo de bayas como tinta y papel de periódico reciclado como soporte para escribir su relato. Sus notas se hacen eco de todo el terror que este episodio le hace sentir. El hombre, que esperaba abolir la esclavitud a través del desarrollo del cristianismo y el comercio en la región, acaba de ser testigo de las terribles consecuencias de la trata de esclavos. Disgustado y enfermo, decide detener su búsqueda y se retira a Ujiji, a orillas del lago Tanganica (Tanzania), perdiendo el contacto con su país de origen.

En el Reino Unido, la gente se pregunta qué le habrá pasado al doctor Livingstone, y muchos piensan que ha muerto. Para desvelar los secretos que rodean su desaparición y con el objetivo de encontrarlo, el periódico *New York Herald* decide financiar una misión a África, dirigida por el periodista Henry Morton Stanley. El 28 de octubre de 1871, tras muchos meses de búsqueda, ambos hombres se encuentran en Ujiji. Pasan cinco meses juntos a orillas del lago Tanganica y entablan amistad. El periodista le propone a David Livingstone que vuelva a Europa con él, pero este último se niega a causa de su estado de salud. Antes de que el periodista se marche, el explorador le confía su diario que incluye el relato de la matanza de Nyangwe para que se difunda en Europa.

El 1 de mayo de 1873, David Livingstone sucumbe a la

disentería en el continente que tanto amaba. En su último viaje, algunos de sus compañeros africanos cargarán con su cuerpo durante ocho meses para llegar a la costa y, a continuación, embarcar hacia el Reino Unido.

Cuando Henry Morton Stanley es enviado a África tras el rastro de David Livingstone, no sabe nada acerca de este continente. Después de pasar cinco meses en compañía de este último, el periodista regresa a su país y publica su libro, *Cómo encontré a Livingstone* (1870-1871).

Ilustración del libro *Cómo encontré a Livingstone* que muestra el encuentro de los dos hombres.

Durante la década de 1870, Stanley realiza un gran número de expediciones al Congo, enviado por el rey Leopoldo II de Bélgica (1835-1909), al que representa en estas regiones de África y para quien adquiere vastos territorios, haciendo que los líderes indígenas firmen documentos que no entienden. También descubre una serie de rápidos en la actual República Democrática del Congo, a los que llama «cataratas Livingstone» en memoria de su amigo.

REPERCUSIONES

AVANCES CIENTÍFICOS

Las expediciones de David Livingstone contribuyen a mejorar los conocimientos que los europeos tienen de África. Si, hasta ese momento, los mapas geográficos se limitaban a las costas de África exploradas por los portugueses, el explorador se aventura en el corazón del continente y enumera todos sus descubrimientos en los atlas de la época. Así, sus investigaciones demuestran que el centro de África no es desértico, sino que está poblado por muchos lagos y ríos, que se cuentan entre los más grandes del mundo.

Sus viajes también permiten que la medicina evolucione en el ámbito de las enfermedades tropicales. A pesar de que el explorador no desarrolla el tratamiento para limitar el avance de la malaria, populariza el uso de la quinina. Ahora, muchos europeos utilizan ese remedio cuando viajan a África.

EL INICIO DE LA COLONIZACIÓN

El gran sueño de David Livingstone era desarrollar el cristianismo y el comercio en África para —según creía él— mejorar las condiciones de vida de la población local y para acabar con la esclavitud. Aunque nunca tuvo la oportunidad de verlo en vida, entre los dos continentes se inició efectivamente una forma de comercio: gracias a la labor de exploradores como David Livingstone, las potencias europeas mostraron rápidamente interés por las materias primas presentes en el continente africano, como el cobre, el té, el algodón, el café o el tabaco.

Sin embargo, en lugar de establecer un comercio sano y ventajoso para la población local, Europa no tardó en repartirse el continente africano y sus riquezas. Así, contrariamente a lo que pensaba David Livingstone, la exploración de África condujo directamente a la colonización y a la explotación del continente y no mejoró las condiciones de vida de las poblaciones locales.

LA ABOLICIÓN DE LA ESCLAVITUD

David Livingstone también quería acabar con la esclavitud que causaba estragos en el continente africano. En su tercer viaje, el explorador había sido testigo de la trágica masacre en el pueblo de Nyangwe por parte de negreros árabes. Su testimonio afectó particularmente a los europeos y puso el tema de la esclavitud africana en el orden del día hasta el punto de que, en junio de 1873, pocas semanas después de la muerte del explorador, el Reino Unido firmaba un tratado con el sultán de Zanzíbar para acabar con el último mercado libre de esclavos.

un museo en su honor, el Museo Livingstone, creado en
1934.

EN RESUMEN

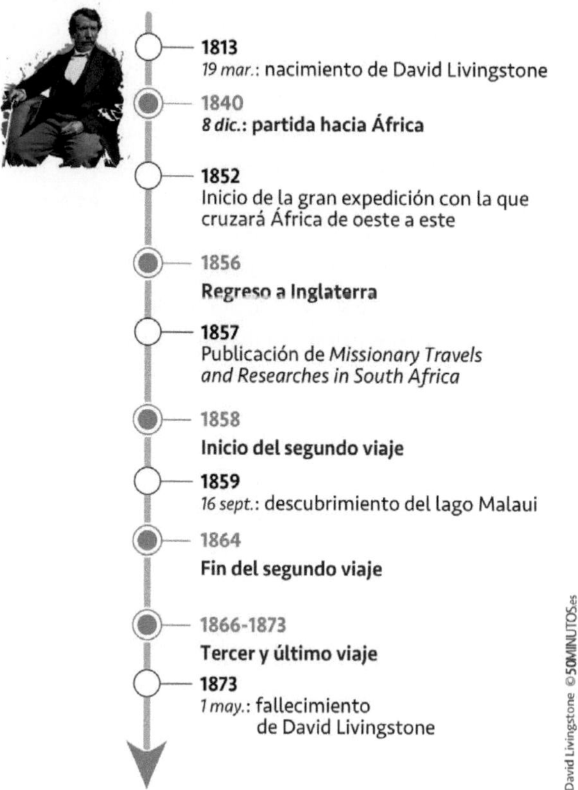

1813
19 mar.: nacimiento de David Livingstone

1840
8 dic.: **partida hacia África**

1852
Inicio de la gran expedición con la que
cruzará África de oeste a este

1856
Regreso a Inglaterra

1857
Publicación de *Missionary Travels
and Researches in South Africa*

1858
Inicio del segundo viaje

1859
16 sept.: descubrimiento del lago Malaui

1864
Fin del segundo viaje

1866-1873
Tercer y último viaje

1873
1 may.: fallecimiento
de David Livingstone

- David Livingstone es un médico y misionero escocés, que explora el centro del África austral entre 1840 y 1871.
- El explorador realiza sus expediciones persiguiendo distintos objetivos: desea evangelizar a las poblaciones

africanas, descubrir nuevas rutas comerciales hacia el centro del continente y abolir la esclavitud.

- Durante su primer viaje (1840-1856), David Livingstone se convierte en el primer europeo en cruzar África de oeste a este, y descubre las cataratas Victoria y el río Zambeze. Gracias a estos descubrimientos, se hace famoso.

- Sin embargo, su segundo viaje, destinado a encontrar una nueva ruta comercial, resulta ser un fracaso. Su mujer fallece durante la expedición y el explorador es acusado de irresponsabilidad. La London Missionary Society se da cuenta de que la evangelización no es el único objetivo que persigue durante sus viajes, por lo que rechaza financiar una nueva expedición y lo deja solo y sin recursos.

- El tercer y último viaje del escocés (1866-1873) está marcado por la masacre del pueblo de Nyangwé. Su testimonio de este acontecimiento permite sensibilizar a Europa sobre la cuestión de la esclavitud, e impulsa al Gobierno británico a firmar un tratado con el sultanato de Zanzíbar para acabar con el tráfico organizado de esclavos.

- A continuación, David Livingstone pierde todo contacto con Europa. Con el fin de encontrarlo, en 1870 se organiza una misión de búsqueda liderada por el periodista Henry Molton Stanley. Este episodio de su vida contribuye en gran medida al mito que todavía hoy lo rodea.

- David Livingstone rechaza la propuesta que le hace el periodista de volver al Reino Unido con él, y muere en Zambia en 1873.

PARA IR MÁS ALLÁ

FUENTES BIBLIOGRÁFICAS

- Ardagh, Philip. 2003. *Explorers*. Londres: Belitha Press.
- BBC, "David Livingstone (1813-1873)", 2014. Consultado el 31 de mayo de 2017. http://www.bbc.co.uk/history/historic_figures/livingstone_david.shtml
- Hepplewhite, Peter y Neil Tonge. 1997. *Livingstone and the Victorian Explorers*. Hove: Wayland.
- Jeal, Tim. 2013. *Livingstone*. New Haven y Londres: Conn/Yale University Press.
- Livingstone Online. Consultado el 31 de mayo de 2017. http://www.livingstoneonline.org/
- Pache, Théodore. 1942. *David Livingstone. La grande épopée africaine. 1813-1873*. Lausana: Éditions La Concorde.
- Pettitt, Clare. 2007. *Dr. Livingstone, I Presume? Missionaries, Journalists, Explorers, and Empire*. Cambridge: Harvard University Press.
- Ross, Andrew. 2002. *David Livingstone: Mission and Empire*. Londres: Hambledon and London.
- Turner, Peter. 2002. *Livingstone: A beginner's guide*. Londres: Hodder and Stoughton.
- Worden, Sarah. 2012. *David Livingstone. Man, Myth and Legacy*. Edimburgo: NMS Enterprises.

FUENTES COMPLEMENTARIAS

- Griffiths, James. 1958. *Livingstone's Africa: Yesterday and Today*. Londres: Epworth.

- Humble, Richard. 1991. *The Travels of Livingstone*. Londres: Watts.
- Hunt, Patricia. 1992. *David Livingstone. Missionary to Africa*. Alton: Hunt and Thorpe.
- Listowel, Judith. 1974. *The Other Livingstone*. Lewes: Friedmann.
- Livingstone, David. 1960. *Livingstone's Private Journals. 1851-1853*. Londres: Chatto and Windus.
- Livingstone, David. 1961. *Livingstone's Missionary Correspondence. 1841-1856*. Londres: Chatto and Windus.
- Northcott, Cecil. 1973. *David Livingstone: His Triumph, Decline and Fall*. Guildford: Lutterworth.
- Stanley, Henry Morton. 1979. *Comment j'ai retrouvé Livingstone*. París: Fayard.

FUENTES ICONOGRÁFICAS

- Retrato de David Livingstone. La imagen reproducida está libre de derechos.
- Imagen de las cataratas Victoria. La imagen reproducida está libre de derechos.
- Retrato de Henry Morton Stanley. La imagen reproducida está libre de derechos.
- Ilustración del libro *Cómo encontré a Livingstone* que muestra el encuentro de los dos hombres. La imagen reproducida está libre de derechos.

PELÍCULAS Y DOCUMENTALES

- *Stanley and Livingstone*. Dirigida por Henry King y Otto Brower, con Spencer Tracey, Cedric Hardwicke y Walter

Brennan. Estados Unidos: 20th Century Fox, 1939.

- *The Last Explorer. Livingstone*. Dirigido por Phil Carney, con Neil Oliver. Reino Unido: BBC One, 2011.
- *The Lost Diary of Dr. Livingstone*. Dirigido por Melisa Akdogan. Reino Unido: National Geographic, 2013.

MUSEO

- El Museo Livingstone, en Livingstone, Zambia.

en50MINUTOS.es
Historia
Economía y empresa
Coaching
Book Review
Salud y bienestar
EL DIAGRAMA DE ISHIKAWA
Solucionar los problemas desde su raíz
Material Método Máquina
Madre Naturaleza Medida Hombres
Economía y empresa en50MINUTOS.es
LA GUERRA DE PALESTINA DE 1948
DOMINA EL ARTE DEL NETWORKING
¡APRENDER NUNCA ANTES FUE TAN RÁPIDO!
www.en50minutos.es